Couverture Inférieure manquante

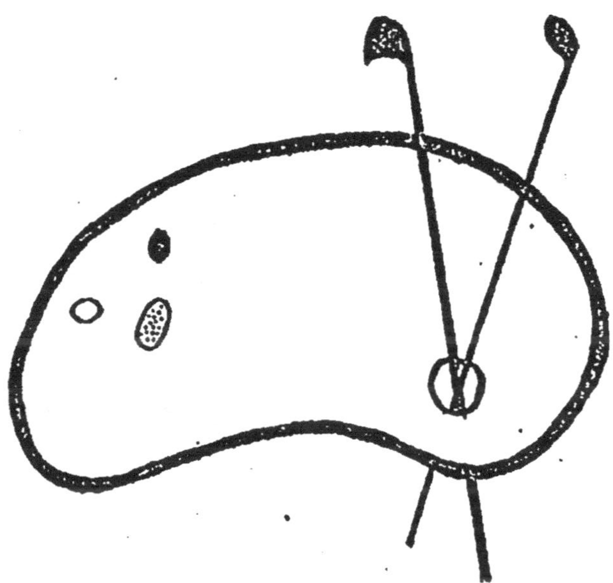

DEBUT D'UNE SERIE DE DOCUMENTS
EN COULEUR

NOTICE

SUR LA DÉCORATION NOUVELLEMENT ACHEVÉE

DE LA

CHAPELLE

DE LA SAINTE-VIERGE

Dans l'Église Saint-Godard,

A ROUEN.

ROUEN

IMPRIMERIE DE E. CAGNIARD,

Rue de l'Impératrice, 66, et rue des Basnage, 8.

1864.

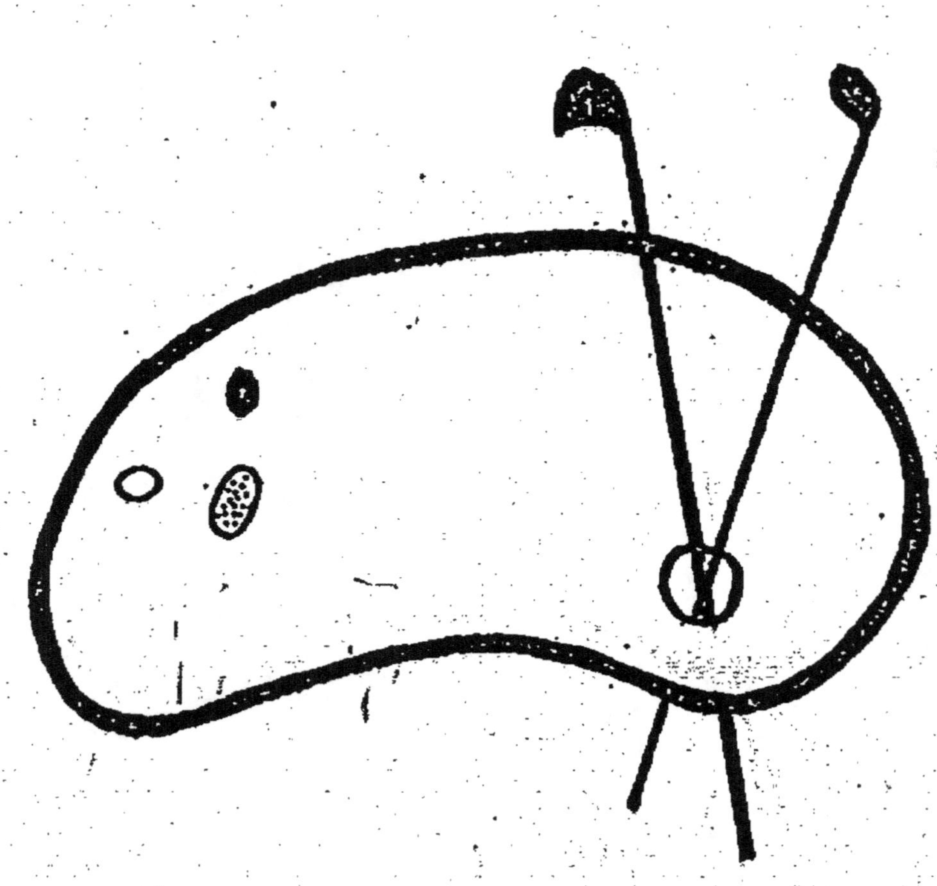

FIN D'UNE SERIE DE DOCUMENTS
EN COULEUR

NOTICE

DE LA

CHAPELLE DE LA Ste-VIERGE

DANS L'ÉGLISE SAINT-GODARD.

A ROUEN.

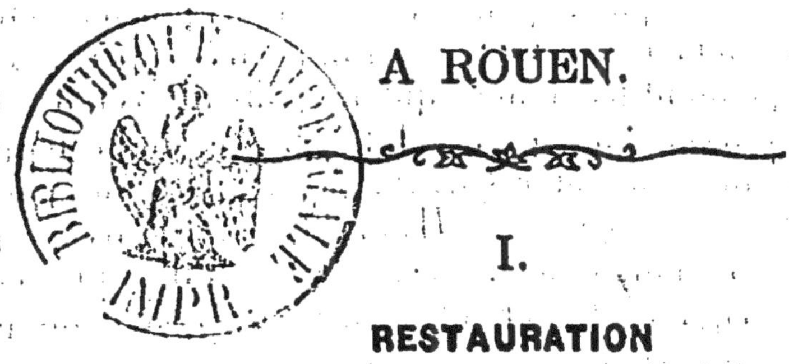

I.

RESTAURATION

DE LA

GRANDE VERRIÈRE.

En dehors de toute qualité artistique, cette verrière a presque une histoire dont la connaissance n'est point sans intérêt.

Lors de la mise à exécution du concordat et de l'établissement des nouvelles paroisses de Rouen en 1802, l'église Saint-Godard fut supprimée comme plusieurs autres de la ville. Livrée au culte constitutionnel en 1791, elle dut, à cette circonstance, de traverser intacte toute la période révolutionnaire. Aucune dévastation, aucun dégât n'y avaient été commis ; ses belles verrières, notamment, avaient été de tout point respectées. Mais la paroisse Saint-Godard n'ayant pas été rétablie en 1802, et l'église se trouvant située dans la circonscription de la nouvelle paroisse de Saint-Ouen, la fabrique de cette dernière crut avoir des droits particuliers à obtenir ce qui serait à sa convenance dans l'édifice abandonné. Elle s'adressa au préfet par une pétition en date du 7 nivôse an XI, et, conformément à sa demande, le préfet, par un arrêté du 14 germinal même année, l'autorisa *à faire servir à la réparation des vitrages de son église les peintures sur verre qui se trouvaient dans l'église supprimée de Saint-Godard.*

Munie de ces pleins pouvoirs, la fabrique de Saint-Ouen enleva la belle verrière et plusieurs autres ; elle ne prit cependant pas tout ce qu'elle pouvait prendre. En vertu d'un arrangement amiable, approuvé du préfet par une lettre du 5 messidor suivant, elle laissa une partie des vitraux *au citoyen Eudes*, curé de Saint-Patrice, qui faisait des réclamations basées sur ce qu'il avait, dans sa circonscription, la majeure partie de l'ancienne paroisse de Saint-Godard.

Ainsi se consommait, dans le calme de la paix, le dépouillement de la pauvre église, épargnée pendant l'orage ; elle fut alors, suivant l'expression de H. Langlois, *impitoyablement dévastée.* (1)

Mais elle devait renaître de ses ruines. En 1806, la paroisse Saint-Godard fut rétablie et l'église rendue au culte ; église dénudée et n'ayant plus, à la place de ses vitres historiques, que des trous ou d'ignobles galandages. Qu'était devenue la verrière de l'Arbre de Jessé ? Heureusement l'aliénation n'en était pas consommée dans le sens du décret du 7 thermidor an XI, et de l'arrêté préfectoral cité plus haut. Cet arrêté l'avait livrée aux administrateurs de Saint-Ouen *pour réparer les vitrages de leur église*, et ils l'avaient laissée sans emploi, ainsi que

(1) Essai sur la peinture sur verre, article *Saint-Godard*, Note.

celle de Saint-Romain et d'autres encore. Un d'eux, auteur, pour sa part, de l'enlèvement, et devenu, par l'effet des nouvelles circonscriptions, paroissien, puis administrateur de Saint-Godard, savait fort bien où elle était déposée. Il fit sa confession à ses nouveaux collègues, et, le 8 août 1806, un arrêté ordonnait la restitution à l'église Saint-Godard, de la verrière généalogique. En quel état se trouvait-elle quand elle fut enlevée de sa baie? Il n'est plus possible de le savoir; mais l'incurie de l'époque pour les objets de cette nature fait aisément présumer celui dans lequel elle fut extraite des magasins de Saint-Ouen.

Toujours est-il qu'elle se trouva trop courte de près d'un mètre, quand on la remit en place, en juin 1807, et il fallut remplir, en maçonnerie, le vide qu'elle laissait à sa base. Ce n'est pas tout, le vitrier Le Vieil, qui la reposa, ne la comprit pas, malgré sa descendance des maîtres verriers de son nom. Les éloges qu'il reçut, *pour cette opération délicate* (1), de la part de l'auteur, d'ailleurs si compétent, de *l'Essai sur la peinture sur verre*, étaient ceux d'un ami trop bienveillant. Il fit dans le vitrail de graves transpositions; par exemple, pour n'en citer qu'un, il mit sous les pieds des personnages du premier rang, tout l'entablement qui devait-être au-dessus de leurs têtes et couronner les niches qui les encadrent. Néanmoins, l'effet général ne se ressentait pas sensiblement de ces erreurs; et le public, qui approuve ou qui blâme souvent sous l'empire d'une première impression, ne pensait nullement à la critique; l'admiration était acquise à la verrière.

Pourtant cette œuvre d'art ne devait pas rester dans cet état d'altération; elle était d'ailleurs incomplète et masquée dans sa partie inférieure, même dans ce qui en existait; puis enfin, pendant près d'un demi-siècle, de 1807 à 1863, il était impossible qu'elle ne se fut pas

(1) Essai, p. 97 et 98.

ressentie des injures du temps et des accidents auxquels n'échappent pas même la pierre et le bronze ; d'autant plus qu'elle était restée jusqu'en 1834 (1) sans être protégée à l'extérieur par un treillis. Elle était brisée alors en plusieurs endroits par des pierres lancées par des enfants. Mais le goût renaissait ; une intelligente sollicitude pour la conservation des monuments commençait à remplacer l'insouciance du passé. La ville, sur la demande de la fabrique, ordonna quelques réparations et fit placer un grillage (2) destinné à empêcher le renouvellement de malheurs si regrettables. Enfin la verrière a été restaurée à fond et consolidée dans toutes ses parties, dans le courant de l'année dernière. Elle méritait bien les libéralités consacrées à cette œuvre, car, suivant H. Langlois, *trois cent mille francs ne suffiraient peut-être pas aujourd'hui à la fabrication d'un morceau de cette importance* (3).

Mais il ne faut pas se contenter de savoir les vicissitudes et la valeur de ce précieux vitrail. Il faut contempler ces splendides peintures dans lesquelles, dit encore l'écrivain déjà plusieurs fois cité, *on ne peut se lasser d'admirer la tête céleste de la Vierge, le grand caractère des rois et l'inconcevable richesse de la composition* (4). Il faut les comprendre et payer un juste tribut de reconnaissance à la mémoire de leur auteur et de leurs donateurs.

En face et à distance de ce magnifiue ouvrage, on est d'abord frappé de l'éclat et de l'harmonie des couleurs ; toute cette éblouissante surface semble un tissu royal où sont habilement entremêlés l'or, la pourpre et l'azur ;

(1) Archives de la fabrique.
(2) Il a été complété dernièrement, en raison du complément de la fenêtre par sa base.
(3) Essai, p. 97.
(4) Essai, p. 97.

c'est comme le vaste et féerique manteau de quelque reine de l'Orient.

Si le spectateur s'approche et étudie le tableau, alors, sans rien perdre du coup d'œil général, il saisit la pensée de l'œuvre dans ses détails. Elle a pour but d'exalter la noblesse d'origine de la Vierge, fille de David.

Cette Vierge est d'abord annoncée, à la base de la fenêtre, par des emblêmes et des légendes tirés des saintes écritures; ce sont des roses et des lys, montrés par de charmants petits anges, qui semblent dire en même temps ces passages extraits des saints livres : *Iuvenit germinasse virgam Aaron in domo Levi, et turgentibus gemmis eruperant flores* (1)

Quasi palma exaltata sum in cades, et quasi plantatio rosæ in Jericho (2).

Egredietur virga de radice Jesse, et flos de radice ejus ascendet (3).

Plantaverat autem Dominus Deus Paradisum voluptatis à principio... et fluvius egrediebatur de loco voluptatis (4).

La pureté, la beauté, la fécondité de la vierge et du sacerdoce chrétien dont elle doit être la source, sont indiquées par ces allégories.

Au-dessus, et en réservant pour un instant la figure du milieu, sont quatre personnages à riches et larges draperies, dans des niches dont les pilastres supportent une frise d'une ornementation délicate et gracieuse, maintenant remise à sa place après restauration. Bien qu'ils ne portent pas d'attributs iconographiques très particuliers, on peut affirmer que ce sont les quatre grands prophètes : Isaïe, Jérémie, Ezéchiel et Daniel.

(1) Num. c. XVII, ỳ 8.
(2) Eccli. c. XIV, ỳ 17.
(3) Isaie, c. XI, ỳ 1.
(4) Genèse, c. II, v 8-10.

La raison en est qu'on les trouve en beaucoup d'endroits, ainsi placés sous l'arbre généalogique avec leurs noms. Ils appartiennent au sujet et en sont comme le point de départ, ayant prédit la Vierge fille des rois, et le Sauveur par elle donné au monde. Cette dernière idée est exprimée, dans un vitrail de Notre-Dame de Chartres, par un symbolisme curieux et fortement expressif : chacun des quatre prophètes porte, sur ses épaules, le Christ arrivé à l'âge d'homme.

Après les emblèmes et les prophéties vient la généalogie proprement dite. Pour la pose de Jessé, qui en est la souche, l'art a deux traditions également admises ; souvent le patriarche est couché sur le côté, et l'arbre sort de son sein ; d'autres fois, il est assis, et l'arbre part de sa tête ; c'est le cas de la Verrière de Saint-Godard. Jessé est assis entre les prophètes qui témoignent de la révélation du fait dominant, exhibé dans cette grande page. Sur sa tête on voit naître et se développer l'arbre allégorique, dont le tronc passe derrière l'entablement au-dessus duquel il se bifurque en deux tiges mères, dont les rameaux ondoyants remplissent les deux côtés de la fenêtre. Ces rameaux vont se réunir autour de la Vierge, et soutiennent le trône où elle est debout, le croissant à ses pieds, et placée sous un dais dont le ciel laisse descendre une couronne royale sur son front. David, reconnaissable à la harpe dont il semble tirer des sons, est sur un piédestal, au point de la bifurcation, et les douze rois de Juda, nommés dans la généalogie selon saint Mathieu, avant la transmigration de Babylone, occupent les divers enroulements formés par les contours des branches. Parmi eux on distingue deux rois guerriers, à leurs cuirasses, l'une d'or, l'autre de bronze, sur laquelle reluit la chaîne d'où pend le glaive.

La Vierge reine, qui est comme la fleur éclose de la tige de Jessé, est contemplée avec délices par l'Éternel qui, du sommet de la verrière, domine toute la scène, et autour duquel s'empressent des anges de tous ordres, remplissant l'ogive tout entière, les uns en adoration, les autres en prières, d'autres balançant des ensensoirs.

Ce sujet est rarement aussi complet dans son genre. La ville de Rouen offre deux autres exemples de la représentation de l'arbe de Jessé; ils se trouvent dans les vitraux de l'église Saint-Vincent; mais l'un ne donne, par quelques femmes, qu'une généalogie arbitraire et peu intelligible, et l'autre n'a que dix rois dont plusieurs sont à peine visibles.

Mais revenons au chef-d'œuvre de Saint-Godard; une inscription, connue précédemment d'un très petit nombre de personnes, parce qu'elle était cachée par un rétable, mais que tout le monde peut voir aujourd'hui, proclame que l'église Saint-Godard doit cette décoration inappréciable à la munificence de Robert Delamare et de ses enfants, qui la donnèrent l'an 1506.

Il faut que cette inscription ait été masquée dès le temps de Farin, car cet historien, prêtre de la paroisse, n'en parle pas, lui qui est si soigneux de transmettre à la postérité les noms des donateurs de verrières; il garde même un silence absolu sur ce vitrail, comme sur d'autres de la même église, qui ne lui présentaient que les noms des familles qui les avaient donnés.

A première vue, on doit penser comme M. J.-M. Thaurin (1), que l'écusson qui se voit au-dessous de l'inscription, est celui des donateurs. Mais un examen plus attentif en fait douter. Cet écusson, en effet, est *d'azur au chevron d'argent et à trois têtes de mulet d'or, avec deux anges pour supports.* Ne seraient-ce pas les armes parlantes des Le Mulet de Merval? Jean Le Mulet de Merval était un des principaux bienfaiteurs de l'église Saint-Godard au commencement du XVIe siècle (2). Ces

(1) *Journal de Rouen* du 22 juin 1863
(2) Voir Farin, *Histoire de Rouen*, t. ii, p. 110. 1re édit.

— 8 —

armoiries pourraient être là, comme alliance de Robert Delamare, qui avait peut-être épousé une sœur ou une fille de Jean Le Mulet (1). Il est du moins certain que ces deux paroissiens étaient contemporains et qu'il y avait des rapports entre eux (2).

M. Thaurin (3) s'est trompé en disant que rien n'avait été ajouté à cette verrière; des cinq panneaux qui en forment la base, celui du milieu, contenant l'inscription et le blason, est seul ancien.

S'il est intéressant, quand on étudie un chef-d'œuvre, d'en connaître les donateurs, il l'est encore plus d'en connaître l'auteur.

Pierre Le Vieil, maître verrier, auteur de l'ouvrage *l'Art de la peinture sur verre*, place dans son livre le grand vitrail de Saint-Godad, sous le titre général : *Très-beaux ouvrages de peinture sur verre du XVIe siècle, dont les auteurs sont inconnus* (4); il en fait le plus grand éloge. Mais quand il voudrait connaître le nom de l'artiste qui l'exécuta, il en est réduit à des suppositions. *Les connaisseurs croient y reconnaître*, dit-il, *le crayon de Raphaël ou plutôt celui de Lucas Penni, son élève.* Il est surpris, avait-il dit déjà, que l'auteur de *l'Histoire de Rouen* (5), *paraisse avoir autant négligé ses recherches sur les noms de ceux qui ont peint les verrières, qu'il a apporté d'application à nous transmettre ceux des particuliers qui les ont fait peindre* (6). E.-H. Langlois, répète Pierre Le Vieil, et en partage la surprise et les regrets. Il n'est pas étonnant que M. Thaurin, après de tels hommes, ait écrit que notre arbre de Jessé est la

(1) Le fief noble de cette famille de Merval était à Bully, canton de Neufchâtel.
(2) Voir Farin, endroit cité.
(3) *Journal de Rouen*, 22 septembre 1863.
(4) Première partie, chapitre xv.
(5) Farin.
(6) Même chapitre.

bello œuvre d'un *auteur inconnu.* Pourtant ce tableau
est la création d'un maître qui, après l'enfantement du
génie, s'est recueilli devant la merveille de sa palette,
l'a jugée, et lui a confié sans crainte son nom pour la
postérité. C'est un tableau signé. Autour du chaperon
du premier des quatre prophètes, on lit : Arnoult Delapointe.

Cet artiste travaillât à Rouen au commencement du
XVI° siècle. H. Langlois nous apprend qu'il était maître
verrier de Saint-Ouen en 1508, collectivement avec
Geoffroy Masson. Le vitrail qui nous occupe étant fait
en 1506, le peintre dut peut-être, à ce succès, l'honneur et les avantages d'être choisi par la riche et puis-
sante abbaye.

On pourrait bien reprocher à l'auteur de ces lignes
d'écarter de la vitre généalogique, par une révélation
malencontreuse, l'auréole des noms, presque acceptés, de
Raphaël et de Lucas Penni, et de détruire ainsi des illu-
sions précieuses.

Mais l'œuvre n'est-elle pas là? a-t-elle absolument
besoin de la protection d'un grand nom? ne se fait-elle
pas valoir d'elle-même, et n'a-t-elle pas pour elle l'admiration de plus de trois siècles? D'un autre côté, n'é-
tait-il pas beau de faire revivre une mémoire injustement
oubliée? n'était-ce pas aussi un devoir envers le pays,
de revendiquer l'honneur d'un chef-d'œuvre pour un artiste français, peut-être rouennais, et d'inscrire désor-
mais le nom d'Arnoult Delapointe avec les noms illustres
des Pinaigrier et des Jean Cousin? (1)

(1) La restauration de cette verrière a été faite par MM.
Laurent et Gsell, peintres-verriers, à Paris, rue Saint-
Sébastien, 43.

II.

CÉNOTAPHE

DES BECDELIÈVRE.

INSCRIPTION RELATIVE A UNE FONDATION.

Dans la chapelle, se remarque un tombeau en marbre noir, surmonté de deux statues à genoux, en marbre blanc.

Sur le galbe du tombeau se lisent les inscriptions suivantes :

« Cy gissent messires Charles de Becdelièvre, Ch.,
« seigneur d'Hocqueville, Brumare, Ronchehoux et le
« Buc, conseiller du roy en ses conseils d'Estat, maistre
« d'hostel ordinaire de Sa Majesté et mestre de camp
« d'un régiment entretenu pour son service, et dame
« Jeanne Morant, son épouse.

« Messire Pierre de Becdelièvre, chevalier, marquis
« de Quevilly et d'Hocqueville, seigneur de Brumare,
« Ronchehoux, La Londe, et du Bois-d'Aubigy, con-
« seiller ordinaire du roi en tous ses conseils, et premier
« président en sa cour des aydes de Normandie, et dame
« Madelaine de Moy, son épouse. »

Le premier personnage, couvert d'une armure et ceint de l'écharpe du commandement, est le mestre de camp Charles III de Becdelièvre.

Charles III de Becdelièvre naquit le 26 février 1579 ; à l'exemple de son père, Pierre II du nom, il embrassa la carrière militaire et s'y distingua de bonne heure.

En 1601, il était en Hongrie, dans les rangs des 15,000 impériaux commandés par le duc de Mércœur, à l'attaque du camp des Turcs assiégeant Kaniska, au nombre de 60,000 combattants, et il y fit admirer sa bravoure; bientôt après, il ne fut pas moins brillant, dans le même pays, à la reprise d'Albe-Royale, et à la défaite de l'armée ottomane, qui s'avançait au secours de cette place. Rentré en France en 1602, il occupa des postes élevés à la cour, sous les rois Henri IV et Louis XIII; et, ce qui prouve l'étendue et la variété de ses connaissances, il fut aussi Grand voyer de Normandie, Maître en la chambre des comptes, président du bureau des finances à Rouen, et se montra homme supérieur dans l'exercice de ces charges.

Depuis sa campagne de Hongrie, sa vie, pendant dix-huit ans, avait été vouée à des fonctions civiles. En 1619, il lui fut donné de revenir à ses premiers goûts; il fut nommé conseiller d'Etat d'épée, et l'année suivante, mestre de camp d'infanterie, et capitaine d'un régiment de 500 hommes de pied dans l'armée que le duc d'Elbœuf rassemblait alors en Normandie. Il n'exerça pas long-temps ce commandement; il mourut dans la force de l'âge, à quarante-trois ans, le 15 novembre 1622. Le lieu de sa sépulture est incertain. Suivant une épitaphe de l'église du Grand-Quevilly (1), ses restes auraient été déposés dans un caveau sous le chœur de cette église; et rien n'indique que sa veuve, Jeanne Morant, ou son fils, dont nous allons parler, les aient fait transférer à Saint-Godard, après la construction du caveau et du monument qui lui étaient destinés, ainsi qu'à eux-mêmes et à Madeleine de Moy.

Le deuxième personnage, revêtu de la robe du ma-gistrat, est le fils, et non pas comme l'a dit M. H. de Neville, dans la *Revue de Rouen*, année 1849, le frère du premier. C'est Pierre III de Becdelièvre, marquis

(1) Du Souillet, Histoire de Rouen, tome 5, page 144.

de Quevilly, premier président de la cour des aydes de Normandie.

Pierre III de Becdelièvre a dû naître vers la fin de l'année 1605. Son nom et le crédit de sa famille le firent arriver vite aux honneurs; dès 1620, il était nommé gentilhomme de la chambre du roi Louis XIII; il entra plus tard dans la magistrature, et le 8 janvier 1644 il était élevé à la charge de premier président de la cour des aydes de Normandie, créé conseiller d'Etat presque en même temps, et, deux ans après, conseiller en tous les conseils. Ce fut en sa faveur, et en récompense de ses services et de ceux de ses ancêtres, que la seigneurie de Quevilly fut érigée en marquisat, par lettres patentes du mois de mai 1654.

Le marquis de Quevilly fournit une longue carrière comme premier président de la cour des aydes; il conserva cette charge jusqu'au 9 décembre 1678, et vit son fils aîné lui succéder immédiatement dans ses hautes fonctions. Lui-même en garda un souvenir glorieux, celui de premier président honoraire qu'il porta toute sa vie (1)

La gravité de ses travaux, comme homme public, ne l'empêchait pas d'aimer les lettres et de les cultiver avec distinction; il était membre de la confrérie du Puy-de-Notre-Dame ou du Palinod, et il en fut prince en l'année 1652 (2).

A la noblesse du sang, aux vertus du magistrat éprouvé, et aux qualités d'un esprit supérieur, il joignait une piété profonde et généreuse; il signala les dernières années de sa vie par la construction, entièrement à ses frais, de la nouvelle chapelle des Carmes-Déchaussés, aujourd'hui l'église Saint-Romain, dont il posa la première pierre en juillet 1679, et dont le gros œuvre fut

(1) Archives municipales, actes de sépultures des 4 janvier et 15 juillet 1864.

(2) Ouin-Lacroix. *Histoire des Corporations.*

achevé avant sa mort, arrivée le 13 juillet 1685. Il avait aussi fondé, à Saint-Godard, des services religieux, dont les dotations n'existent plus. Son corps ne repose pas sous le monument qu'il avait fait construire et dont il avait dicté les épitaphes, dans la pensée qu'un jour elles seraient vraies. Il fut porté, le 15 juillet (1), aux Carmes-Déchaussés, réclamé par ces religieux reconnaissants.

Ainsi, des deux inscriptions, considérées en ce qu'elles ont de relatif aux personnages représentés par les statues, l'une est incertaine, et l'autre a été rendue fausse par l'événement, qui les a rendues fausses l'une et l'autre en ce qui concerne les deux femmes qui y sont nommées.

La première, Jeanne Morant, fille de Thomas Morant d'Eterville, qui donna son nom à la rue Morant où il demeurait, et veuve de Charles de Becdelièvre, épousa en secondes noces Jacques Dyel, sieur de Miromesnil, conseiller au parlement. Ce fut dans cette union qu'elle bâtit et décora à ses frais la chapelle de Notre-Dame-du-Refuge, dans l'église des Récollets, dont l'ancien couvent était occupé, il n'y a pas encore longtemps, par les religieuses de la Providence (2). Elle y fut inhumée, sous le nom de dame de Miromesnil, le 23 mai 1651 (3), sous la chapelle construite de ses libéralités, dans un caveau où était déjà un de ses fils.

La seconde, Madeleine de Moy, femme de Pierre de Becdelièvre, mourut à Cany, le 1er janvier 1685. Elle fut inhumée le 4 du même mois (4), dans un caveau de l'é-

(1) Archives municipales.

(2) C'est aujourd'hui l'établissement hydrothérapique du docteur Bottentuit, rue du Champ-des-Oiseaux.

(3) Archives municipales, anciens registres de Saint-Godard. Voir aussi : Histoire de Rouen, 3e édition, tome V, ch *Récollets*.

(4) Archives municipales.

glise des Carmes-Déchaussés, fondée par son mari, qui ne tarda pas à la suivre dans cette dernière demeure.

Néanmoins, le monument de Saint-Godard n'est pas un tombeau vide pour la noble famille des Becdelièvre. Sans compter plusieurs sépultures anciennes, qui devaient être celles de membres de cette famille, car la chapelle fondée au commencement du xive siècle, par un de ses chefs, était considérée comme leur appartenant exclusivement; Barbe Hébert, femme de Pierre de Moy et mère de Madeleine, fut inhumée dans le caveau, à peine achevé, le 25 septembre 1666. Elle est appelée, dans les archives, *mère en loi*, de Pierre de Becdelièvre, c'est-à-dire femme de son tuteur; elle était aussi sa belle-mère. La sépulture a été violée et le cercueil enlevé, mais beaucoup d'ossements, et, sans doute, parmi eux, ceux de Barbe Hébert, gisent encore dans le caveau.

Le monument qui le recouvre en partie, fut exécuté par un artiste dont nos annales ne nous ont point conservé le nom, entre les années 1668 et 1685. Il n'existait pas avant la première de ces dates, car Farin, prêtre du clergé de Saint-Godard, n'en dit pas un mot dans son *Histoire de Rouen*, qu'il publiait alors, et dans laquelle il mentionne jusqu'aux tombes les plus insignifiantes; et il était construit avant la seconde, qui est celle de la mort de Pierre de Becdelièvre, qui l'avait fait ériger de son vivant (1).

En examinant les statues, on voit qu'elles ont été endommagées en plusieurs endroits et assez grossièrement restaurées. Ces mutilations datent de la bénédiction de trois cloches, qui eut lieu avec grande solennité en 1765. Cette cérémonie attira une telle foule, que des curieux montèrent sur le cénotaphe et brisèrent les mains et autres parties saillantes des personnnages. On ne cher-

(1) D. du Plessis, Description de la Haute-Normandie. t. ii.

cha point d'autre artiste pour les réparer qu'un sieur Colot, marbrier à Rouen (1).

Plus tard, le temps, la malveillance ou l'incurie laissèrent encore des traces sur bien des points du monument ; il ne fut pourtant pas négligé lors du rétablissement de la paroisse en 1806 ; des travaux de conservation ne tardèrent pas à y être faits par les soins de la fabrique, et la dépense pour cet objet fut couverte par la libéralité de Mmes de Tancarville et de Luxembourg, descendantes des Becdelièvre. Les statues ont été reproduites, par le moulage, sous le gouvernement du roi Louis-Philippe, pour la galerie de Versailles, où elles figurent.

Mais l'écussson de la famille avait été arraché dans les mauvais jours. Il vient d'être rétabli. Un marbre blanc, très joliment sculpté par un artiste de Rouen et de la paroisse Saint-Godard, recouvre les traces du vandalisme de 1793, et offre de nouveau les armes de la maison de Becdelièvre, qui sont *de sable* (2) *à deux croix d'argent fleuronnées, au pied fiché, avec une coquille du même, en pointe, et la devise : Hoc tegmine tutus.* Allusion aux deux croix qui peut se traduire ainsi : *A couvert sous ce bouclier.*

Sur une plaque de marbre noir, attachée au premier pilier, du côté du chœur, on lit cette inscription :
« Messieurs les curé et trésoriers sont tenus faire dire
« et célébrer, à perpétuité, un salut aux cinq fêtes solen-
« nelles de la Sainte-Vierge Marie, à cinq heures en hiver,
« et à six en été, fournir de luminaire et jouer des
« orgues, dont la fondation a été payée comptant audit tré-
« sorier, en novembre 1637. Priez pour le fondateur. »
Ce fondateur était Simon Lemaître, receveur gnénéral des décimes (3) à Rouen ; il avait donné à l'église un

(1) Archives départementales, fonds de Saint-Godard.
(2) Champ noir.
(3) Droits payés par les bénéficiers, pour quelque affaire grave intéressant la religion, et quelquefois pour le Roi.

dais de la valeur de 600 livres; il donna, de plus, 200 livres en argent, et moyennant ces libéralités, il obtint, outre l'exécution de sa fondation, la faveur d'être dispensé de l'obligation de remplir, à son tour, les fonctions de trésorier, et néanmoins d'être compté, pour les honneurs, parmi les membres du Trésor (4).

III.

L'AUTEL.

Il y avait, dans la chapelle, un autel acheté d'urgence parmi les dépouilles des églises, lors du rétablissement de la paroisse, en 1806. Dans le choix de cet autel, on ne s'était nullement préoccupé de la convenance de ses formes, ni de ses dimensions, de sorte qu'il manquait d'harmonie avec l'édifice et s'élevait jusque dans la verrière, même quand elle commençait à un mètre au-dessus du point où elle commence aujourd'hui.

D'ailleurs, il était plus que modeste et ne suffisait plus aux sentiments d'amour de la gloire de la sainte Vierge, des nombreux membres d'une confrérie florissante attachée à ce sanctuaire. Il a dû disparaître. Mais sa disparition avait laissé voir bien des misères: la muraille à laquelle il était accolé avait été fort maltraitée; le cordon qui règne autour de l'église avait été coupé en cette partie; diverses moulures avaient été brisées, les embases des meneaux étaient détruites. Tout est maintenant restauré en pierre et rétabli dans l'état primitif. Deux portes, exécutées dans le style voulu, sont encadrées par de jolis

(4) Archives mun. cartulaire de Saint-Godard.

piédroits à pyramides ouvragées et par des linteaux cou-
ronnés d'élégants fleurons.

Ce n'était pas assez, il fallait un nouvel autel digne de
sa destination, et il vient d'être achevé. Construit tout
en pierre par M. Grimaux, sur les dessins de M. Barre,
architecte, auteur aussi des restaurations dont il vient
d'être question, il a été sculpté par M. Jean. On peut re-
marquer surtout le tabernacle, avec son portique plein
de délicatesse et d'originalité. Le groupe de la Vierge et
de l'enfant Jésus, d'après le type de Notre-Dame-des-
Victoires, modifié suivant les convenances du lieu, est
dû également à l'habile ciseau de M. Jean. tiste. Il n'est
point posé sur le tabernacle, mais sur un socle pratiqué
en arrière.

Tout cet ouvrage est aujourd'hui couvert de peintures.
Les plus importantes sont celles de l'autel, qui présente
trois compartiments dont chacun sert de cadre à un tableau. Pour bien comprendre cette décoration, il est né-
cessaire de se pénétrer de la pensée qui y a présidé. Cet
autel étant celui de la confrérie pour la conversion des
pécheurs, par l'intercession de la sainte Vierge, on a
voulu des sujets dans lesquels la Vierge pourrait être
montrée, comme acquérant en quelque sorte le droit de
motiver ses suppliantes requêtes en faveur des pécheurs,
sur ses propres souffrances dans la Passion du Christ.
Ainsi, dans le premier tableau, en commençant par le
côté de l'évangile, le Christ est tombé sous le fardeau de
la croix, mais sa mère l'a vu et elle en a ressenti une
douleur si poignante que ses forces physiques ont presque
trahi son courage et qu'il lui faut le soutien des saintes
femmes qui l'entourent. Dans le deuxième, au milieu de
l'autel, le Christ accomplit son sacrifice suprême ; mais
la Vierge accomplit aussi le sien. Dans le troisième enfin,
le Christ est descendu de la croix ; il est réduit à l'état
d'un mort ordinaire ; mais ce corps inanimé, ces
membres glacés, la Vierge les tient sur ses genoux, elle

qui avait vu son fils commander à la nature. Quel glaive pour son cœur que ce contraste !

Au bout de l'autel, du côté de l'épître, est un olivier symbolique, avec cette légende qui en détermine l'application à la Vierge gracieuse : *quasi oliva speciosa in campis*, et à l'autre bout est un platane, emblème de la Vierge majestueuse, suivant la légende qui l'accompagne et qui est la suite de la première : *et quasi platanus exaltata sum juxta aquam* (1).

Après l'examen de la façade de l'autel, les yeux se portent sur celle du tabernacle, et s'arrêtent avec délices sur deux anges qui semblent en garder l'entrée, et sur des têtes de chérubins sous la voussure du portique. Ailleurs, il n'y a plus de personnages ni de symboles ; ce sont des arabesques, des rinceaux, des fleurs, des broderies d'or sur le manteau d'azur de la Vierge, et sur la robe hyacinthe de l'enfant; dessins variés s'harmonisant partout avec le style de l'ensemble.

Les peintures proprement dites sont l'œuvre de M. Dupuy-Delaroche. Les parties simplement décoratives ont été exécutées sous sa direction et sa responsabilité.

Cet autel a été solennellement inauguré le Mercredi 17 Août 1864, par S. Em. Mgr le cardinal archevêque, qui y a célébré la messe le premier, donnant ainsi à la confrérie, dont ce pieux monument est le rendez-vous une marque publique de son haut pratronage et un précieux encouragement.

(1) Eccl., c. 24, v. 19.

Rouen.—Imp. E. CAGNIARD, rues de l'Impératrice, 66, et des Basnage, 8.